AF357894

G. LASAREFF

LA
Révolution
Russe

LEYSIN
H. SAMOFALOFF-RÉMÉZOFF
Éditeur

1917

Imprimerie Nouvelle. — Leysin.

G. LASAREFF

La Crise
DE LA
Révolution
Russe

LEYSIN
II. SAMOFALOFF-RÉMÉZOFF
Éditeur

1917

Imprimerie Nouvelle. — Leysin.

La Crise de la Révolution Russe

Le conflit qui s'est élevé entre le Gouvernement provisoire et le Conseil des députés ouvriers et militaires (Soviet) a suscité un peu partout des inquiétudes légitimes sur le sort de la démocratie universelle; dans les pays de l'Entente en particulier il a provoqué une émotion naturelle et bien justifiée. La crise est due au fait que des extrêmistes entendent maintenir l'unité, la puissance et la profondeur du mouvement révolutionnaire en instituant une dictature du Conseil des députés ouvriers et soldats; ils renverseraient volontiers *tout* gouvernement provisoire autre que le Soviet. A leur avis tout autre gouvernement ne saurait être que « bourgeois », ne pourrait que défendre les intérêts de la classe bourgeoise. La théorie de la « lutte de classes » leur impose cette attitude.

Aussi longtemps que la société est divisée en classes, disent-ils, la collectivité sociale (Nation ou État) est gouvernée par une classe dominante, bourgeoisie ou prolétariat. Naguère avant la révolution, la dictature appartenait à la « bourgeoisie »; maintenant, après la victoire de la révolution, elle doit passer aux mains du prolétariat, de la classe ouvrière. Le Soviet représente les intérêts des prolétaires et le Gouvernement provisoire ceux des bourgeois. L'entrée des socialistes dans le Gouvernement provisoire est inadmissible, elle constituerait une trahison vis-à-vis du socialisme et de l'Internationale des prolétaires. « Prolétaires de tous les pays, unissez-vous! »

Telles sont la doctrine et la tactique de tous les extrêmistes de gauche, c'est-à-dire des léninistes, des zimmerwaldiens et du commun (¹) des anarchistes.

En opposition aux extrémistes et par réaction contre leurs tendances, des gens qui redoutent avec raison les troubles et le désordre réclament la suppression du Soviet et le transfert de tout pouvoir au seul Gouvernement provisoire. Cette erreur ne serait pas moins dangereuse que celle des léninistes.

Où, en effet, un gouvernement provisoire composé d'une dizaine de ministres puiserait-il force et autorité?

On pourrait répondre que le gouvernement du tsar avec ses favoris du jour et ses intrigants déployait une réelle vigueur et gouvernait en maître absolu 170 millions d'hommes.

Mais il est impossible de comparer le Gouvernement provisoire révolutionnaire au gouvernement tsariste dont la force résidait dans un mécanisme politique organisé historiquement, dans un personnel bureaucratique aussi nombreux que docile, et dans la psycho-

____

(1) J'écris „ le commun „ des anarchistes parce que P. Kropotkine, Jean Grave, Cornelissen et d'autres encore, la fleur de l'anarchisme scientifique et philosophique, conséquents avec leur principe primordial de l'autonomie de la personnalité, protestent avec une logique parfaite contre toute violence exercée sur une personnalité collective autonome (famille, peuple, nation) et admettent par suite la défense du pays ou de la nation lésés.

logie traditionnelle de masses populaires dépourvues
de droits.

Le Gouvernement provisoire tient à son tour le levier
de mise en marche; mais le mécanisme est détraqué :
le feu ne brûle plus sous la chaudière, toutes les pièces
se meuvent, chacune tourne et joue de son côté et le
système n'est plus relié au levier de direction; la loco-
motive de l'État reste sur place, la machine court, le
risque de se démonter ou de faire explosion.

Un mécanisme politique passif fait dégénérer fatale-
ment en despotisme n'importe quel gouvernement sans
contrôle. Alors, selon le proverbe russe, « celui-là com-
mande, qui a empoigné le bâton de commandement ».
Sous un gouvernement despotique, la vigueur et l'unité
des forces nationales est au prix d'une discipline exté-
rieure et coercitive, d'une organisation militaire et
bureaucratique pénétrant dans tous les coins et recoins
de la vie d'un peuple. Dans l'état actuel de l'organisation politique, la force du gouvernement provisoire ne
peut venir que d'une discipline, de l'organisation révolutionnaire des énergies de la masse. La démonstration
pratique en a été faite à Pétrograde lors de la majes-
tueuse manifestation qui a eu lieu le jour des funé-
railles des victimes de la révolution et qui s'est dé-
roulée dans un ordre surprenant. Il a fallu des hommes
pour ordonner et diriger, mais leur rôle a été facilité
par la soumission volontaire et consciente de tous les
habitants de la ville. Malgré leur petit nombre ces
directeurs paraissaient disposer d'une autorité immense.

Il est de toute nécessité de ranimer et d'unir toutes
les forces vives du pays, d'inculquer aux masses populaires la notion des intérêts généraux de la nation, de
réveiller l'esprit d'initiative et de discipline volontaire.
En cette heure de révolution et de transition, sem-
blable tâche ne pourra être accomplie que par l'orga-

nisation de tout un ensemble de Conseils centraux, régionaux et locaux composés de députés des ouvriers, des soldats et des paysans, autrement dit des éléments jusqu'ici les plus opprimés, les plus privés de droits. C'est seulement en s'appuyant sur cette masse consciente, organisée et disciplinée que les chefs du mouvement national pourront acquérir la force invincible indispensable pour tenir tête aux ennemis intérieurs et extérieurs, et s'ériger en remparts de la démocratie universelle. Ce rôle directeur ne peut-être assumé que par le *pouvoir exécutif*, le *Gouvernement provisoire* jouissant de la confiance du pays, soutenu par une organisation, provisoire elle aussi, des forces nationales, par les prolétaires, les soldats, les paysans et toutes les autres forces démocratiques, tant politiques qu'économiques et intellectuelles, existant en Russie. Le pouvoir exécutif est seul en mesure de les unir et de coordonner leur action. *Aucune organisation de classe ne pourrait créer un pouvoir exécutif solide sans pratiquer systématiquement la violence, sans épuiser ou paralyser les énergies créatrices les plus fécondes.*

L'usurpation ouverte des fonctions du Gouvernement provisoire par le Soviet et l'intervention directe du second dans les actes du premier conduiraient à la désagrégation des éléments vivaces de la révolution.

Etant donné la liberté de la parole et de la presse, et le droit de réunion et d'association, le pouvoir du Soviet et de toutes les autres organisations sociales doit être de pur *contrôle*, le pouvoir *exécutif* restant tout entier au Gouvernement provisoire. Toutes les organisations sociales librement constituées sont autant d'interprètes de l'opinion publique; elles tiennent lieu provisoirement de représentation nationale; à ce titre elles peuvent et doivent *surveiller* l'autorité exécutive; à cette dernière incombe la charge de *gouverner* et de *coordonner* les activités qui se manifestent dans le pays. Toute intrusion dans les attributions de l'exécutif crée un dualisme gouvernemental, amène le trouble et la confusion, puis la désorganisation, mère de l'insécurité et de la défiance, toutes choses susceptibles de livrer la nation à l'impuissance ou même à la réaction, et de favoriser le retour d'un despotisme capable de maintenir l'ordre et la discipline par des moyens de contrainte.

Présentement les léninistes et zimmerwaldiens de toutes nuances exposent la Russie à ce risque, de même que tous les adeptes de la « lutte de classes ». Le fond du socialisme authentique est la négation des classes; il défend les intérêts de la collectivité sociale et se propose pour but l'abolition de tout antagonisme au sein de la société.

J'ai la ferme assurance que la démocratie révolutionnaire de Russie surmontera la crise. Mais pour en sortir heureusement il ne suffit pas de s'indigner. D'autre part les mesures répressives et policières ne serviraient qu'à accentuer le trouble et la confusion générale.

Ni les intrigues allemandes, ni la corruption, ni les agissements scélérats des provocateurs, ni les menées démagogiques ne suffisent (si incontestable que soit la réalité de ces phénomènes) à expliquer l'émiettement des forces révolutionnaires et démocratiques. Le mal est plus profond et plus général, car on le constate dans tous les pays; c'est un mal qui tient aux *idées*, on ne le vaincra que *par une idée*. Il découle d'une conception étroite, unilatérale, fausse même de la théorie de la « lutte de classes », conception qui a régné sans partage dans la deuxième Internationale, où la social-démocratie allemande dictait ses volontés et imposait ses vues à tous. L'hégémonie de Guillaume II et du militarisme prussien était préparée par celle de sa social-démocratie bien aimée, puissante et bien organisée.

Chacun sait depuis l'époque d'Alexandre de Macédoine qu'une *hégémonie politique* universelle doit s'appuyer sur la force militaire, sur une armée nombreuse. Mais Guillaume II et ses laquais savants ont été seuls à comprendre qu'à notre époque une armée, pour être victorieuse, doit être soutenue par un arrière fort d'une haute technique industrielle, par une armée ouvrière savamment organisée. C'est pourquoi il s'est volontiers fait le « commis-voyageur » du capital industriel et commercial, et le protecteur de l'organisation professionnelle de son prolétariat à la seule condition que ni la bourgeoisie, ni le prolétariat n'entreprissent sur ses prérogatives politiques; ces deux classes ne devaient pas rêver d'établir une démocratie, mais admettre que celle-ci s'élevait comme une « superstructure » sur la base de la plus-value et du salaire.

Le « socialisme de classe », l'enfant chéri de la social-démocratie allemande, puissante par le nombre de ses membres et l'habilité de son organisation, est l'antipode du socialisme national et international qu'on pourrait, en opposition au socialisme « prussien », qualifier de socialisme « français » et dont Jaurès fut le porte-parole.

Fidèles aux traditions de la grande Révolution française, Jaurès et ses partisans avaient saisi l'importance prépondérante de la « politique » et la valeur du mécanisme de l'Etat comme instrument de la minorité dirigeante. Pour lui, la formule : « conquête du pouvoir politique par la classe ouvrière » était inconciliable avec les exigences de la théorie « de classe », purement anarchiste, de la « non-participation des socialistes au ministère », avec le parti-pris d' « être toujours dans l'opposition », de repousser toute responsabilité, d'abandonner à la direction de la bourgeoisie la machine puissante de l'État.

Pour avoir tenté de faire admettre que la démocratie était la première et la plus indispensable condition de la réalisation du socialisme international, Jaurès fut traîné par les camarades « guesdistes » devant le Ponce-Pilate français, puis devant le sanhédrin d'Amsterdam. Là, les scribes et les pharisiens du socialisme allemand et prolétarien flagellèrent Jaurès et le condamnèrent. Et Jaurès devint, en dépit de sa condamnation, le chef spirituel de l'Internationale. Toutefois la tradition était trop forte. La social-démocatie allemande fut le chef effectif de la deuxième Internationale. Le parti socialiste-démocratique allemand qui, avec 4 millions et demi d'électeurs, 1 million et demi de cotisants et 110 députés au Reichstag refusa, sur l'ordre de son empereur et des hobereaux prussiens, de pénétrer dans les ministères au-delà de l'antichambre, érigea en loi pour toute l'Internationale que jamais et nulle part et dans aucun cas, même dans une république, le parti socialiste n'entrerait dans un ministère et ne dirigerait les destinées de son pays.

Mieux encore : en présence des armements prodigieux de son propre pays, de l'accroissenent régulier de la flotte et de l'armée allemandes, la social-démocratie fit prendre aux socialistes de tous les autres pays l'engagement de voter toujours contre les budgets militaires.

La troupe obéit aveuglement aux injections de ses commandants et les effets de cette docilité se font encore sentir à l'heure qu'il est : au moment le plus critique la social démocratie allemande a épaulé son fusil et tous ses disciples se sont trouvés dupés On reconnut à l'épreuve que la seconde Internationnale, prolétarienne et apolitique, n'était qu'une fiction, tout comme la première. *L'impérialisme capitaliste* s'est substitué à l'*impérialisme politique*, mais le mécanisme politique est resté aux mains de la minorité dirigeante. Le « prolétaire » a absorbé le « citoyen » et la démocratie a été rejetée dans le camp de la « bourgeoisie ». L'Internationale, au lieu d'être une force vive et agissante, s'est transformée en un emblème, en une personne mystique; de *moyen* puissant elle est devenue *but en soi*. « L'Internationale est morte. Vive l'Internationale! » Que ce soit à Zimmerwald, Kienthal ou Stockholm, qu'importe?

Les critiques européens qui ne comprennent pas ce qui se passe en Russie en ce moment n'ont qu'à observer le désarroi du socialisme dans leur propre pays. Ils verront que cette crise n'est pas russe seulement, mais internationale. Le peuple russe la surmontera, j'en suis certain, car le travailleur et le prolétaire ont senti tressaillir en eux l'homme et le citoyen.

L'entrée des socialistes dans le gouvernement et la formation d'un ministère de coalition sont un signe des temps. Le Gouvernement provisoire ne peut être ni prolétarien, ni bourgeois, il doit être populaire et national, et unir en faisceau toutes les forces démocratiques du pays.

Mai 1917
Baugy-sur-Clarens.

G. LAZAREFF.

————×————

NOTE DE L'ÉDITEUR

Il nous paraît intéressant de transcrire ici les télégrammes échangés au cours des premiers temps de la Révolution Russe entre Georges Lazareff et ses amis de Russie.

La citoyenne Brechkovskaïa, la grand'mère de la Révolution Russe, et le citoyen Tchaïkovsky, un des fondateurs du parti *Narodnaïa Volia* organisé (1879-1881) pour libérer la Russie du joug tsariste, ont de Pétrograde, le 11 avril, télégraphié à Lazareff, comme suit :

« Grand espoir, travail énorme, embrassons, revenez ».

Le 22 avril, notre ami recevait le télégramme suivant ;

« L'assemblée des paysans de Samara a décidé de vous prier de rentrer en Russie pour prendre part aux élections de l'Assemblée Constituante. Le Président de l'assemblée : Sokoloff. »

A cette dépêche, Georges Lazareff répondit le 27 avril :

Président Assemblée des Paysans,
Samara.

« Publiez, interprétez instructions suivantes :

« Tsarisme écrasé, c'est peuple entier qui est maître de sa destinée. République démocratique fédérative doit être établie. Gouvernement provisoire doit vous guider, vous aider. Aucun désordre, aucun partage. Terre ne peut pas s'enfuir. Ensemencez vos champs. Travaillez tranquillement, assidûment, fraternellement tous pour tous, pour soldats, pour patrie, pour peuples alliés, pour démocratie mondiale. Constituante et Congrès des Nations régleront le reste. Vive Liberté, Egalité et Justice. »

« LAZAREFF. »

Le 11 mai, la réponse arrivait à Baugy-sur-Clarens :

« Députés paysans vous remercient pour vos instructions et souhaits et vous prient revenir pour nous aider de votre expérience à la renaissance de la patrie libre. Président Sokoloff; ton ami Andréieff. »

Quelques jours après, Georges Lazareff et son ami Bach, économiste socialiste russe, adressaient au Congrès des Paysans de Pétrograde ce dernier message :

« Vous félicitons et vous saluons. Nous souhaitons ardemment que les questions fondamentales de la vie nationale reçoivent de justes solutions : Etablissement de la république démocratique fédérative et octroi immédiat des droits politiques aux femmes. Les comités d'ouvriers, de soldats et de paysans sont indispensables comme sauvegardes de la révolution, mais ils doivent contrôler le Gouvernement provisoire sans immixtion dans le pouvoir exécutif; autrement, les résultats de la Révolution seront perdus. La participation des socialistes au Gouvernement provisoire est nécessaire. La solution radicale juste de la question agraire dépend de la réalisation des conditions sus-indiquées. La terre doit être nationalisée avec rachat, et exploitation en être organisée dans l'intérêt de la Nation tout entière et non dans l'intérêt d'une classe. La paix séparée est inadmissible. Il faut continuer la lutte jusqu'à la délivrance du militarisme prussien, dernière menace de la liberté des nations. »

Le 20 mai, Georges Lazareff est parti pour Pétrograde par la France et l'Angleterre.

H.S.-RÉMÉZOFF.

LA

RÉVOLUTION
RUSSE

G. LASAREFF

LA
Révolution Russe

I

L'EX-TZAR NICOLAS II.

II

LE CONSEIL DES DÉLÉGUÉS
OUVRIERS & MILITAIRES

III

LA QUESTION DE CONSTANTINOPLE
ET DES DÉTROITS

LEYSIN
Édition de « La Petite Revue »
1917

H. SAMOFALOFF, IMPRIMEUR-ÉDITEUR

L'Ex-Tzar Nicolas II.

Monsieur le Rédacteur,

Vous me demandez de tracer pour vos lecteurs le caractère véritable de l'ex-tzar Nicolas II.

Avant d'entrer en matière, il me paraît utile de dire quelques mots sur ma personne, afin d'être mieux compris. A vos lecteurs ensuite de juger de mon impartialité.

Je suis un paysan russe. Mes parents étaient serfs. Je suis né serf moi-même et je peux me rappeler les horreurs du servage, car je les ai vécues. En 1874, étant alors jeune étudiant, je fus arrêté la première fois pour propagande révolutionnaire. Après quatre années de détention cellulaire préventive, on me jugea au procès des 193 et je fus acquitté.

Appelé dans l'armée après le jugement — c'était au moment de la guerre russo-turque — je fus promu sous-officier devant Kars. Il y a quarante-deux ans qu'eut lieu ma première arrestation. Durant ces quarante-deux années, constamment traqué, poursuivi, ma vie est un continuel vagabondage par le monde entier. Je passai plus de six ans et demi en cellule, trois fois je fus déporté en Sibérie pour des durées de trois, quatre et cinq années, par ordre administratif, sans enquête et sans jugement. A ma deuxième déportation, en 1890, je pus m'enfuir en Amérique, où je restai près de quatre ans. Je passai vingt-cinq années en Angleterre, en France et en Suisse. Je retournai en Russie après la révolution de 1904-1905, mais en décembre 1910, après la démonstration des étudiants de Petrograd qui eut lieu à l'occasion de la mort de Tolstoï, je fus arrêté et encore une fois déporté en Sibérie pour quatre ans. Déjà en route pour le bagne, les démarches de mes amis aboutirent à faire commuer ma peine en celle du bannissement à l'étranger pour la même durée, par le fameux Stolypine, alors ministre de l'intérieur. En janvier 1915, je reçus l'autorisation de retourner en Russie, mais la guerre dévastait l'Europe, et en communauté de sort avec des milliers d'émigrés politiques russes, je n'ai pas maintenant la possibilité de revoir la Russie Libre.

A présent, vous me demandez de caractériser l'ex-tsar Nicolas II, non son règne, mais sa personnalité. Si vous m'eussiez fait cette proposition il y a un mois, ma réponse aurait été tout autre. Il n'y a pas bien longtemps encore, le tzar Nicolas II était le maître tout-puissant de la vaste Russie, le maître de 170 millions d'hommes, esclaves ou sujets ; sa faveur était recherchée de tous les gouvernements des nations civilisées ; il était défendu à la presse la plus démocratique d'en parler sans déférence ; sa louange était chantée dans le monde entier et partout on rendait hommage à ses qualités personnelles ; tous les crimes perpétrés sous son règne, toutes les atrocités, les tourments infligés aux peuples qui composent la population de la Russie, tous ces odieux forfaits étaient rejetés sur le compte du simple « aiguilleur de la voie », en l'occurrence la bureaucratie vendue et le fonctionnarisme servile.

Soudain le rideau s'est levé, et la vérité se montre maintenant toute nue. Le tzar des tzars, symbole de la réaction universelle, ennemi irréductible de toute liberté, cousin et émule du kaiser Guillaume II, — le fameux tzar a mordu la poussière. Tenu prisonnier à Tsarskoïé-Sélo, il apparaît enfin ce qu'il est réellement : un homme méchant doublé d'un fou dangereux, dont la place est non sur un trône, mais dans une maison de santé, aux soins de médecins aliénistes.

A quoi bon énumérer toutes les horreurs commises en Russie, au cours des vingt dernières années, par ce malade entre les mains duquel l'Histoire aveugle a mis le sort de tant d'hommes ?

Beaucoup craignent pour la vie de l'ex-tzar, mais les habitants de l'Europe occidentale ne connaissent pas assez le caractère russe ; ils ne savent pas qu'il n'est peuple au monde qui pratique à un tel degré la clémence, la miséricorde à l'égard de tous ceux qui souffrent, fussent-ils coupables ; tous les condamnés, même les criminels sont pour lui des « malheureux ».

En conformité de sentiment avec le peuple, le premier acte du gouvernement révolutionnaire a

été de *décréter l'amnistie et d'abolir la peine de mort.*
La mise en jugement des persécuteurs du peuple
russe est nécessaire, sans doute, non dans un but
de vengeance ou pour que les coupables soient
punis, mais pour que la vérité soit enfin connue de
tous, que la justice soit satisfaite, pour que l'affreux
passé de la Russie serve de leçon au monde entier,
dans l'intérêt de la démocratie mondiale et de l'éta-
blissement d'une paix durable entre les peuples.

Mais « on ne frappe pas celui qui gît à terre », dit
le peuple russe. J'ai l'honneur d'appartenir au parti
socialiste-révolutionnaire, dont l'objectif est la
lutte politique pour la liberté et pour la démocratie
et qui, pour l'atteindre, n'hésite pas à recourir aux
moyens d'action les plus décisifs contre les oppres-
seurs du peuple, dont le tzar Nicolas II fut jusqu'à
ces derniers temps le notoire représentant. Mais
l'adversaire est tombé, il est maintenant hors de
combat.

C'est à ses proches parents que je laisse le soin
de porter un dernier jugement : je cède la parole aux
grands-ducs Nicolas et Paul.

Le grand duc Nicolas, oncle du tzar, voulant don-
ner à Nicolas II un ultime avertissement, lui écrivait
peu de temps avant la révolution :

*Tu as souvent exprimé ta volonté de conduire la
guerre jusqu'à la victoire ; mais es-tu convaincu que
cette victoire est possible dans l'état de choses présent ? Connais-tu la situation à l'intérieur de l'empire ?
Te dit-on la vérité ? T'a-t-on révélé où se trouve la
racine du mal ? Tu m'as dit fréquemment qu'on te
trompait, que tu n'avais foi que dans les sentiments
de celle qui est ton épouse. Or, ce que te dit l'impératrice n'est pas l'expression de la vérité. Si tu es
incapable de l'arracher aux influences pernicieuses qui
l'entourent, défends-toi du moins contre ceux qui
dictent ses paroles. Si tu pouvais éloigner ces forces*

obscures, la renaissance de la Russie commencerait et la confiance de la majorité de ton peuple, déjà à demi perdue pour toi, te reviendrait.

J'ai longtemps hésité à te dire la vérité ; mais je m'y suis décidé avec l'encouragement de ta mère et de tes deux sœurs. Tu es à la veille de nouvelles agitations, je dirai plus, à la veille d'un attentat. Je te parle pour le salut de ta personne, de ton trône et de la patrie.

Voici maintenant une déclaration que le grand-duc Paul a faite à un groupe de journalistes de Petrograd :

L'ex-tsarine intervenait constamment dans les question militaires. Elle a été pour beaucoup dans le retrait de commandement du général Roussky, décision qui a été prise malgré les protestations des grands-ducs et les instances de l'impératrice douairière.

J'ai refusé, ainsi qu'on me le demandait, de faire venir la garde du front à Pétrograde pour y combattre les révolutionnaires.

Ma femme et ma fille ont été arrêtées sur l'ordre de Protopopoff, à la suite d'une séance de spiritisme au cours de laquelle l'esprit de Raspoutine réclamait ces arrestations pour venger son assassinat !

Ces révélations, qui jettent un nouveau jour sur les pratiques odieuses de l'ancien régime, produisent partout une très vive impression.

Après ce que l'on vient de lire et connaissant les choses de Russie, nul ne pourra s'étonner si l'Assemblée Constituante proclame à l'unanimité la République Démocratique, pour que la Russie occupe désormais une place d'honneur dans la famille des peuples libres.

La Révolution Russe

*Le Conseil des Délégués
ouvriers et militaires.*

La presse européenne n'est pas sans concevoir des craintes au sujet de l'activité du Conseil des délégués ouvriers et militaires : on redoute de sa part des mesures extrêmes ; on ne s'explique pas et même on trouve anormale l'existence de cette organisation qui, à côté du gouvernement provisoire, seul officiel, dispose d'une influence considérable.

Il est à ce sujet nécessaire que la démocratie de l'Europe occidentale comprenne exactement l'état actuel des choses.

Aucun peuple n'a souffert aussi longtemps et aussi cruellement du despotisme que le peuple russe, dans ses différentes nationalités. La révolution, c'est le peuple, ce sont les ouvriers et les soldats qui l'ont opérée ; ce sont eux qui ont renversé le despotisme du tsar. Or, qu'est-ce que les soldats de l'armée russe, sinon, à une écrasante majorité, le peuple paysan de la Russie ? Les soldats, ce sont des paysans qui ont revêtu l'uniforme militaire.

Le Conseil des délégués ouvriers et militaires est donc l'expression des forces organisées de toute la Russie laborieuse. C'est grâce seulement à cette organisation du mouvement révolutionnaire, que la violence et les excès purent être évités ; c'est grâce seulement à l'existence d'un conseil de représentants des travailleurs et des soldats, que le gouvernement provisoire, investi de force et d'autorité, a pu être désigné, qu'il a pu accomplir, dans le délai le plus bref, des actes qui ont étonné le monde, et qu'il a été capable de réaliser par la conquête de la liberté de tous l'unité du pays, l'union étroite des nationalités jusque-là opposées les unes aux autres.

Le gouvernement provisoire ne compte parmi ses membres que le député Kerenski, comme représentant du peuple révolutionnaire ; tous les autres ministres provisoires, issus des partis modérés et bourgeois, ont acquis en bloc la confiance du Conseil des délégués ouvriers et militaires, à la condition qu'ils poursuivent jusqu'à une fin logique la défense de la démocratie. Le peuple révolutionnaire organisé de Russie est conscient des responsabilités qui pèsent sur lui, non seulement à l'égard de ses propres destinées, mais à l'égard de celles de la démocratie mondiale.

Personne — à l'exception d'un petit nombre d'anarchistes et d'énergumènes — ne songe faire de la révolution actuelle une révolution sociale, modifiant le régime présent de la production et de la propriété.

Mais pour le triomphe d'une haute justice, pour assurer la base de l'organisation internationale de l'avenir et sauvegarder les intérêts de la démocratie universelle, il est nécessaire d'aller jusqu'au bout!

C'est seulement dans l'appui de la masse du peuple révolutionnaire organisé que le gouvernement provisoire trouvera la force et l'audace nécessaires pour faire face à l'ennemi extérieur et pour faire entendre les paroles décisives au prochain Congrès de la Paix, où devront être représentés tous les peuples, belligérants autant que neutres.

Le Conseil des délégués ouvriers et militaires a une mission de contrôle. Seules doivent lui être préalablement soumises les questions d'ordre fondamental : sa sanction est nécessaire pour toutes les mesures préventives propres à garantir la liberté et une organisation gouvernementale libre.

Il surgit sans doute, c'est inévitable, des désaccords, aussi bien au sein du Conseil que parmi les membres du gouvernement provisoire. Mais l'œuvre de libération dépend de la solidarité et de l'unité dans l'action des deux forces qui dirigent momentanément le pays.

Toutes les questions d'importance secondaire doivent passer à l'arrière-plan, pour être soumises, le moment venu, à l'étude du Congrès international de la Paix. Depuis le triomphe de la Révolution en Russie, les questions de la Pologne, des détroits, de Constantinople et beaucoup d'autres encore n'existent plus comme problèmes nationaux : ce sont des questions d'ordre international qui ne doivent pas être la cause de divisions intérieures.

Pour se défendre contre l'attaque des barbares, le peuple russe fut contraint de combattre sur deux fronts : contre l'ennemi extérieur et contre l'ennemi intérieur. Ce dernier, qui s'est efforcé d'entraver notre défense contre l'étranger, vient d'être renversé et brisé. L'ennemi extérieur le plus impitoyable : le despotisme prussien, reste seul maintenant. La démocratie universelle est placée devant ce dilemme : ou le peuple allemand suivra l'exemple du peuple russe et affranchira lui-même le monde de la domination de la force brutale et du meurtre, et alors tous les peuples lui devront de la reconnaissance — ou bien, s'il ne peut ou ne veut pas le faire, tant pis pour tous, tant pis pour lui ! Les peuples du monde entier devront s'unir pour rétablir une dernière fois par la force, la paix et le droit international.

Baugy sur Clarens   **Georges LASAREFF.**
27 mars 1917.

LA QUESTION
de Constantinople
et des Détroits

La presse de l'Europe occidentale, et en particulier des pays de l'Entente, se fait une conception absolument erronée de ce qu'est la politique des socialistes russes et du Comité des délégués ouvriers et militaires sur la question de Constantinople et des détroits. Au cas où l'Entente serait victorieuse, à qui doivent appartenir Constantinople et les détroits ? Telle est la question qui inquiète bien des gens et même des socialistes en Europe.

Avant la guerre, toute l'Europe occidentale y compris l'Angleterre et la France, soutenaient la Turquie, « l'Homme malade », et par là rendaient plus aiguë « la question d'Orient » : par crainte du tsarisme tous préféraient avoir affaire à la faible Turquie qu'à la puissante et rapace Russie.

Mais depuis la guerre, ils oublient que la question d'Orient, c'est-à-dire la question de Constantinople et des détroits, fut jusqu'ici une question proprement politique et non économique, une question militaire et non commerciale. Il ne s'agissait pas de la liberté des échanges commerciaux, mais du droit de libre passage d'une flotte de guerre, il s'agissait uniquement de s'emparer des détroits pour pouvoir s'en servir *en cas de guerre*. L'échange international des marchandises en effet s'effectuait librement en temps de paix. Or, les intérêts de tous les peuples, les intérêts de la vie économique internationale exigent la pleine liberté des routes maritimes et autres, c'est-à-dire la liberté de circulation dans les détroits. La politique « des mers intérieures fermées » est un funeste non-sens au point de vue économique. L'échange des produits est nécessaire aux peuples de toutes les contrées, aussi bien à l'exportation qu'à l'importation. Dans l'intérêt de l'économie mondiale peu importe entre quelles mains se trouvent les mers, les détroits et toutes les voies de communication, si leur accès est assuré également à tous. Les intérêts de la classe capitaliste (industrielle et commerciale) ont asservi les peuples de tous les pays sans distinction. Les intérêts du capital comme les intérêts des peuples et de la vie économique internationale ne souffrent ni limites ni barrières.

Or jusqu'ici, l'organisation politique de tous les pays et de tous les peuples était en contradiction avec cette politique rationnelle et naturelle de la vie économique internationale.

Toute l'Europe et le monde entier se présentaient comme un système de grandes propriétés féodales indépendantes et personnelles : des chefs féodaux couronnés, aidés d'une bureaucratie de nombre limité, en assumaient la direction, de génération en génération et par voie d'héritage; ils décidaient suivant leur bon plaisir du sort des peuples « qui leur avaient été confiés par la grâce de Dieu ».

Les « républiques » et les « démocraties » ne représentaient que des îlots au milieu de ce système de rapports féodaux aux pratiques et aux exigences duquel elles étaient obligées de se conformer : combattre, entretenir d'énormes armées et des flottes de guerre, se livrer à une diplomatie secrète, intriguer, conclure des conventions cachées, et de toutes façons se protéger des attaques extérieures.

Cette organisation de politique de proie et de pur brigandage de tous les pays et de tous les peuples, eut pour conséquence que la vie économique internationale, elle aussi, s'est complètement déformée : comme au temps du servage, capitalistes et ouvriers en arrivèrent inévitablement à des conflits avec les capitalistes et les ouvriers des grandes propriétés féodales voisines ; et, au lieu de la solidarité entre capitalistes ou ouvriers de tous les pays, régnèrent la concurrence des nations, l'hostilité et le carnage. Une telle situation ne peut pas cesser tant que ne sera pas anéanti l'impérialisme politico-féodal, tant que ne sera pas établi le règne de la démocratie internationalement organisée, tant que le droit de disposer du sort des divers pays ne passera pas des mains des chefs féodaux irresponsables et de leur bureaucratie dans celles des peuples eux-mêmes.

Cette situation a été exposée très clairement et catégoriquement dans la proclamation par laquelle le président des Etat-Unis, M. Wilson, déclara la guerre à l'Allemagne. Le but principal et commun de la guerre est l'organisation de la démocratie mondiale, l'anéantissement de l'*impérialisme politique*, sinon capitaliste. Tel est le point de vue de la démocratie de l'Europe occidentale, tel était aussi celui de la démocratie russe lorsqu'elle accomplit résolument une révolution sans précédent.

Avant la guerre, toutes les puissances européennes étaient guidées par les principes et les règles du système féodal : toute leur politique reposait sur le droit du plus fort : tous les gouvernements suivaient la politique de l'égoïsme national. Par la chute du tsarisme fut ouverte la libre voie vers l'organisation de la démocratie mondiale dans le bloc de l'Entente. A l'ouverture de la guerre et tant que dura le tsarisme, la question de Constantinople et des détroits, comme celle de la Pologne, se présentaient avec le caractère de questions nationales russes : la France et l'Angleterre, sous la pression des circonstances, furent contraintes d'accepter des compromis et de consentir à la politique nationale du tsarisme. Sous l'organisation féodale de l'Europe, lors de la ruine de la Turquie, Constantinople, le Bosphore et les Dardanelles seraient naturellement passés sous la domination de la Russie.

Mais après la chute du tsarisme et le triomphe de la démocratie russe, la situation de l'Europe organisée féodalement a complètement changé et la politique du Président Wilson a quitté le domaine des bonnes intentions pour affirmer hautement les solutions essentielles de la démocratie mondiale. Pour le peuple russe libéré, la question de Constantinople et des Détroits cesse dès maintenant d'être nationale pour devenir *internationale* : le concert des peuples doit trouver un régime d'usufruit permettant à tous d'utiliser les voies maritimes d'une manière plus équitable et plus avantageuse.

Il peut sembler que la déclaration du gouvernement provisoire, contenue dans la note du ministre des affaires étrangères Milioukoff, est en parfaite contradiction avec la politique exposée ci-dessus : en prenant possession de son poste, il s'est empressé en effet de déclarer que tous les accords, traités et conventions conclus avec les Alliés restaient en vigueur et seraient observés en toute loyauté. Or, comme au nombre de ces conventions se trouvait celle établissant que Constantinople et les détroits passeraient sous la domination de la Russie, bien des gens en ont conclu que Milioukof maintenait fermement l'ancienne politique nationaliste de la Russie, la politique de l'égoïsme national. Mais cela n'est pas exact.

La révolution russe qui s'est produite au moment le plus critique de la guerre, se présente comme un événement de la plus grande importance mondiale. Elle fut pour tous une surprise beaucoup plus grande encore que la guerre elle-même. Le sort de tous les peuples dépend de l'issue de la guerre. En fait, il n'y a point à l'égard de la guerre de peuples neutres. Toutes les nations du monde souffrent à quelque degré. Malgré toute la grandeur de la révolution russe et malgré tout le bien qui découle de la chute du funeste tsarisme, une question redoutable s'est posée à la démocratie mondiale et aux pays alliés : quelles seront les répercussions de cette révolution sur la marche de la guerre, et, en conséquence, sur le sort de tous les peuples ? Qu'arrivera-t-il si la révolution désorganise la puissance militaire de la Russie et si les rapaces empires du centre peuvent ainsi se frayer un chemin vers la victoire, vers une paix « honorable » ou vers une paix séparée avec la Russie ? Et encore : quelle attitude prendra la Russie révolutionnaire à l'égard de ses alliés, à l'égard des buts de guerre et conditions de paix qui ont été établis et élaborés d'un commun accord ? Et, en outre des buts communs, à l'égard des droits et privilèges nationaux que chaque pays allié poursuit respectivement ?

Devant de telles questions, l'alarme s'est emparée de tous les alliés, de toute l'Europe, du monde entier qui réclamaient une réponse immédiate et catégorique.

Et le gouvernement provisoire, par la voix du ministre des affaires étrangères, a donné cette réponse catégorique : tous les traités et accords conclus avant la révolution sont maintenus en vigueur et seront observés en toute loyauté.

Mais alors, conformément aux conventions précédentes, Constantinople et les Détroits passeraient sous la domination de la Russie ?

Non ! ce n'est pas cela. La confirmation des engagements pris de défendre les intérêts des alliés dans cette guerre n'exclut en aucune manière le droit de refuser des privilèges personnels, dès lors que ce refus ne lèse pas les intérêts des alliés et répond à ceux de la démocratie mondiale. Mais, jusqu'à ce que ce refus ait été sanctionné par de nouveaux pourparlers et de nouveaux accords, le ministre russe des affaires étrangères est *tenu* de déclarer que Constantinople et les détroits doivent revenir à la Russie.

Le ministre de la justice Kerenski, parlant en son nom personnel, exprima l'opinion qui sera vraisemblablement sanctionnée par toute la démocratie russe, que la question de Constantinople et des détroits doit être non pas une question nationale, mais bien *une question internationale*. Pourtant le ministre des affaires étrangères avant de prendre une décision formelle à ce sujet doit s'en tenir à la version officielle ; si bien que l'indication de la prise de possession de Constantinople comme but de la guerre est actuellement dépourvue de tout sens.

Sur les causes de la guerre, deux opinions contradictoires sont en présence. Les uns, à une écrasante majorité, voient la cause de la guerre actuelle, comme des précédentes, dans l'absence de droits populaires et de démocratie véritable, et dans *l'impérialisme politique*. Les autres, et surtout ceux qu'on appelle internationalistes, zimmerwal-

diens et kienthaliens, voient les causes de la guerre
dans la toute-puissance de capital, dans l'impérialisme capitaliste dont seule la révolution sociale prolétarienne pourra libérer le monde.

Les partisans de cette dernière opinion, tenant la
vie politique pour une superstructure de la vie
économique, n'attribuent pas une importance capi-
tale aux formes politiques du gouvernement ; dans
leur argumentation, ils opèrent avec des chiffres
statistiques au sujet de la production et de l'échange des marchandises, exposent que les chiffres énormes de leurs exportations donnent aux pays déve-
loppés industriellement le droit naturel d'assujettir
et d'exploiter les pays agricoles ou économiquement
plus faibles. A ce genre d'argumentations statistiques appartient l'article de Paul Rohrbach (cité par
la Petite Revue n° 7) qui, chiffres en main, s'efforce
de prouver que la possession de Constantinople
constitue une question de vie ou de mort pour le
peuple russe, et que « un combat pour les Dardanelles ne peut se terminer que par une pleine victoire ou par l'anéantissement ». Cela aurait pu être
vrai au temps du tsarisme, sous le régime de l'impérialisme féodal en Europe, mais ce n'est plus vrai
pour l'Europe organisée démocratiquement, exigeant
pour tous les peuples une égale liberté d'accès aux
mers et aux détroits.

La Russie a vécu, a grandi et s'est développée
même sous le régime tsariste, sans Constantinople
et sans les détroits : à l'avenir, elle vivra, elle
grandira et se développera sans Constantinople,
d'autant mieux qu'elle est devenue libre et qu'elle
est entrée dans la famille solidaire de la démocratie
mondiale.

Baugy sur Clarens
30 avril 1917.

Georges LASAREFF.

www.ingramcontent.com/pod-product-compliance
Lightning Source LLC
LaVergne TN
LVHW020623180726
843502LV00006B/1833